William MacDonald

Denk an deine Zukunft

clv

Wenn nicht anders vermerkt, sind die Bibelzitate der Elberfelder Übersetzung 2003, Edition CSV Hückeswagen, entnommen.

1. Auflage 1985
2. Auflage 1990
3. Auflage 2001
4. Auflage 2009
5. Auflage 2015
6. Auflage 2023

Originaltitel: Think of Your Future
Originalverlag: ECS Ministries

Ravensberger Bleiche 6 · 33649 Bielefeld
Internet: www.clv.de

Übersetzung der Gedichte: Hermann Grabe
Satz: EDV- und Typoservice Dörwald, Steinhagen
Umschlag: Lucian Binder, Marienheide
Druck und Bindung: ARKA, Cieszyn, Polen

Artikel-Nr. 256495
ISBN 978-3-86699-495-9

Inhalt

Wahrheiten, die das Leben verändern können

Eine große Wahrheit beeinflusst oft den ganzen Lebensweg eines Menschen. Ein Mensch mag viele Jahre lang gewohnheitsmäßig seinen Weg gegangen sein. Dann stößt er, vielleicht rein zufällig, auf einen ihn begeisternden Gedanken oder Satz, und er ist von diesem Tag an nicht mehr der Gleiche. Sein Leben hat eine völlig andere Richtung genommen.

So war es mit Hudson Taylor. Er blätterte ziellos in den Büchern seines Vaters und stieß zufällig auf den Ausdruck »das vollbrachte Werk Christi«. Dieser Ausdruck faszinierte ihn. Wenn Christus das Werk der Versöhnung vollbracht hatte, so blieb auch für Hudson Taylor nichts anderes übrig, als Christus zu vertrauen. Als er es konnte, wurde seine Seele von Licht und Freude durchflutet. Einige Jahre später verließ er seine Heimat, um China für das Evangelium zu öffnen.

So war es auch mit Graf von Zinzendorf. Als junger Mann stand er eines Tages vor dem Bild des gekreuzigten Christus. Unter dem Bild standen die Worte: »Siehe! Das tat ich für dich.« Diese Wahrheit drang wie ein Pfeil in seine Seele. Als er noch einmal auf den Gekreuzigten blickte, fand er unter dem Kreuz folgende Worte: »Was tust du für mich?«

Von dieser Frage tief bewegt, übergab er Jesus Christus aufs Neue in liebender Hingabe sein Leben. Sein Name ist in die Geschichte der Herrnhuter Mission eingegangen.

Bei Dwight L. Moody griff Gott in ähnlicher Weise ein. Als er in England gerade einen evangelistischen Feldzug zu Ende geführt hatte, verabschiedete er sich von Henry Varley, einem berühmten englischen Prediger. Moody empfand Varleys Abschiedsworte als eine Herausforderung: »Mr Moody, die Welt müsste einmal sehen, was Gott durch einen Menschen tun kann, der sich ihm ganz ausgeliefert hat, um ausschließlich seinen Willen zu tun.« Diese Worte blieben Moody im Gedächtnis haften. Sie verfolgten ihn bei Tag und Nacht. »Sie schienen ihm auf die Wellen des Ozeans geschrieben, als er heimwärts segelte, auf die Pflastersteine von New York, über die er ging, und mitten in die Landschaft hinein, als er mit dem Zug nach Chicago fuhr.« Varleys Abschiedsworte prägten Moodys ganzes späteres Leben. Heute spricht die von Moody geleistete Arbeit für sich selbst.

Gewiss könnten noch Hunderte von Menschen eine ähnliche Geschichte erzählen. Sorglos sind sie durch das Leben gewandert, bis sie plötzlich, rein zufällig, auf eine der großen, grundlegenden Wahrheiten stießen, die den Weg ihres Lebens völlig veränderten. Sie wurden von der überzeugenden Kraft der Wahrheit ergriffen. Herz und Gemüt dieser Menschen wurden entflammt. Sie wurden völlig verändert. Sie bekamen einen Blick für neue Wege und machten Geschichte im Reich Gottes.

Warum sollte das nicht auch mit uns geschehen?

Die göttliche Wahrheit ist nicht zeitlich, sondern ewig. Die gleichen tiefen Erfahrungen, die das Leben anderer Menschen völlig umgestalteten, können auch uns vor Mittelmäßigkeit bewahren und uns zu wahrem Erfolg für Zeit und Ewigkeit verhelfen.

Wenn wir nur wollten!

Wenn wir nur lange genug still sein wollten, um zu lauschen! Wenn wir nur diese Wahrheiten ehrlich und tapfer ins Auge fassen wollten! Wenn wir sie nur folgerichtig bis zum Ende durchdenken wollten! Wenn wir nur die richtigen Schlüsse ziehen und das als richtig Erkannte leidenschaftlich ausführen wollten!

Davon hängt alles ab. Sind wir bereit, diese herrliche Möglichkeit auszunutzen?

Bevor wir weiterlesen, sollten wir in der Gegenwart Gottes die folgenden Fragen beantworten:

Bin ich bereit, den Herrn Jesus Christus zu mir reden zu lassen?

Bin ich bereit, ihm bedingungslos zu gehorchen?

Gibt es irgendetwas in meinem Leben, das ich für ihn aufzugeben nicht bereit bin?

Nur ein Leben

Jeder Versuch, über unser Leben auf dieser Erde ernsthaft nachzudenken, muss von der erschreckenden Tatsache ausgehen, dass wir nur einmal hier leben. Wir wollen deshalb unsere weiteren Ausführungen unter das alle mit schmerzlicher Gewissheit erfüllende Thema stellen: Nur ein Leben.

Diese Tatsache war schon eine der großen, bewegenden Kräfte im Leben des Herrn Jesus. Das lässt sich in seinen Worten erkennen: »Ich muss die Werke dessen wirken, der mich gesandt hat, solange es Tag ist; es kommt die Nacht, da niemand wirken kann« (Joh 9,4).

»Solange es Tag ist – es kommt die Nacht.« Nur ein Leben!

Möchten doch diese Worte wie mit einem Brenneisen in unsere Seelen gebrannt sein, dass wir sie nie mehr vergessen können! Nur ein Leben! Nur ein Leben! Wie unsagbar ernst!

Wir sollten jetzt unbedingt über den Wert unseres Lebens nachdenken. Wie viel ist mein Leben für mich wert? Für wie viel würde ich es hergeben? Es ist augenscheinlich, dass niemand von uns den Preis für sein Leben angeben kann, denn unser Leben ist von grenzenlosem Wert.

Wir sollten auch an die vielen Möglichkeiten denken, die das Leben jedem Menschen bietet. Jeder Junge, der in die Welt hineingeboren wird, kann ein Johannes, aber auch ein Judas werden, ein Paulus, aber auch ein Pilatus. Er ist mit unbegrenzten inneren Kräften für Gutes und Böses, für gute und schlechte Taten, für Glück und Elend ausgestattet.

Werden wir von diesen Erkenntnissen wirklich in unserem Herzen erfasst, dann erkennen wir, dass unser Leben ein uns anvertrautes, heiliges Gut ist, das nicht vergeudet werden darf. Unser Leben sollte dem Bestmöglichen geweiht werden.

»Nicht viele Leben! Eines, nur eines! – Diese kurze Spanne Zeit!« Diese Verse von Horatius Bonar erinnern mich an eine Illustration, die C. E. Tatham oft gebraucht, wenn er die Heiligkeit und Einmaligkeit des Lebens erläutern will:

Eine Mutter nahm ihre kleine Tochter zum Einkaufen mit und erlaubte ihr, sich einige Süßigkeiten auszusuchen. Sie stand vor dem Glaskasten und betrachtete nachdenklich die verlockende Auswahl in den verschiedenen Gläsern. Zuerst zeigte sie auf ein Glas und sagte: »Ich will eins von diesen.« Noch bevor der Verkäufer das Gewünschte geholt hatte, zeigte das Mädchen auf ein anderes Glas und sagte: »Nein, ich will lieber eins aus diesem Glas da.« Noch mehrmals zeigte sich ihre Unentschlossenheit, bis sie von ihrer ungeduldig wartenden Mutter mit den Worten getadelt wurde: »Mein liebes Kind, beeile dich doch, und entscheide dich endlich!« Darauf antwortete das Mädchen mit zwingender Logik: »Aber Mutter, ich habe doch nur einen Cent auszugeben!«

Nur einen Cent! Nur ein Leben! Wir sollten uns beständig daran erinnern.

König Georg V. von Großbritannien hatte im Blick auf diese Tatsache einen besonderen Spruch auf seinem Schreibtisch stehen. Dieser stammte von Stephen Grellet, einem amerikanischen Quäker, der zu Anfang des 19. Jahrhunderts lebte. Er lautete: »Durch diese Welt werde ich nur einmal gehen. Lass mich deshalb alles Gute, was ich tun kann, jede Güte, die ich Menschen erweisen kann, jetzt tun. Lass es mich nicht aufschieben oder vernachlässigen, denn ich werde diesen Weg nicht wieder gehen.«

Avis B. Christiansen spricht von den Folgerungen, die sich aus der Tatsache der kurzen Erdspanne für uns ergeben, in einem ihrer Gedichte:

Hab nur ein Leben zum Opfern –
Jesus, mein König und Herr –
Nur eine Zunge zum Loben,
dich und die Gnade an mir.
Hab nur ein Herz, dich zu lieben,
Heiland, o dass es so sei,
Dass ich mich ganz deiner Ehre
und deiner Herrlichkeit weih'!
Nur diese Stunde gehört mir –
lass mich sie nutzen für dich,
Möge doch jede Minute lohnen
in Ewigkeit sich.
Seelen rings um mich her sterben,
sterben in Sünde und Not,
Lass mich von Golgatha reden –
von deiner Rettung, mein Gott!
Hab nur ein Leben zu opfern –
dir, Herr, gehört meine Seel',

Nichts soll von dir mich abhalten –
dein Wille sei mir Befehl!
Du, der einst willig gegeben Leben
und alles für mich,
Nimm nun mein Leben, mein Alles,
jede Sekunde für dich!

Wir wollen dieser ersten großen, lebensverändernden Wahrheit »nur ein Leben« ehrlich ins Auge sehen und uns fragen, ob unser gegenwärtiges Tun und Lassen wertvoll ist, wenn wir es im Licht dieser Wahrheit besehen.

So kurz nur

Wenn schon die nüchterne Überlegung der Tatsache, dass wir unser Leben nur einmal leben, auf uns wie ein Schock wirkt, wie viel mehr wird es dann der Fall sein, wenn wir daran denken, wie kurz unser Leben ist. Die Tatsache, dass wir nur ein Leben haben, wäre nicht so entscheidend, wenn sich dieses Leben über ein Jahrtausend oder über fünf oder auch nur zwei Jahrhunderte erstrecken würde. Wenn wir aber bedenken, dass keiner von uns in hundert Jahren noch auf dieser Erde sein wird, ja dass die meisten von uns nicht einmal mehr 50 Jahre leben werden – wer könnte bei dem Gedanken, wie schnell diese wenigen Jahre verflogen sein werden, gleichgültig bleiben?

Was meinst du wohl, wie viele Jahre du noch zu leben hast? Die Bibel sagt uns, dass die durchschnittliche Lebenslänge 70 Jahre beträgt (Ps 90,10). Nimm einmal an, dass du dieses Alter erreichen wirst. Dann solltest du zunächst einmal dein gegenwärtiges Alter von dieser Zahl abziehen, dann kommst du auf die Anzahl der Jahre, die für dich noch zu leben übrig bleiben. Von dieser Zeit solltest du aber dann noch die Zeit, die du zum Schlafen und zur Erfüllung notwendiger Pflichten benötigst, abziehen; ferner solltest du Krankheitstage und all die Tage, an denen du einfach unfähig bist, irgendetwas zu tun, berücksichtigen. Wie viel Zeit bleibt dir dann noch übrig, in der du dem Herrn Jesus Christus frei und ungehindert dienen kannst? Die Antwort wird leider lauten: »Nicht sehr viel!«

Die Heilige Schrift verwendet verschiedene Ausdrücke, um die Kürze und Flüchtigkeit unseres Lebens zu beschreiben.

Mose vergleicht das Leben mit einem Schlaf.

David spricht von unserem Leben als von einem Schatten.

Hiob vergleicht das Leben mit einem Weberschifflein.

Jakobus vergleicht unser Leben mit einem Dampf.

Petrus sieht das Leben an wie Gras, das verwelkt.

Schnell und unbarmherzig wird das Leben oft abgebrochen und mit ihm unbegrenzte Möglichkeiten.

Die Trauerhalle, der Leichenwagen und der Friedhof sind ein Beweis dafür, dass wir auf dieser Erde keine bleibende Stätte haben. Es vergeht kein Tag, ohne dass wir daran erinnert werden, dass Wiege und Sarg aus demselben Holz gezimmert sind.[1]

Sollte jemand einwenden, dass ein Christ nicht den Tod, sondern den Herrn erwarte – vielleicht sehr bald –, so kann das sehr wohl eine Erinnerung daran sein, dass unser Leben auf der Erde unter Umständen noch kürzer ist, als wir annehmen. Wenn einige von uns auch denken, dass sie bis zu ihrem Tod bei einer normalen Lebenserwartung von einigen Jahrzehnten noch viel Zeit haben, so weiß doch niemand, ob nicht schon vor Ablauf der nächsten Stunde die Stimme und der Trompetenstoß Gottes erschallen werden, um das Kommen des Herrn Jesus anzuzeigen. Die politische

1 Vgl. Will Houghton, *By Life or by Death* (Gedicht).

Entwicklung und der sittliche Verfall der Menschheit deuten in Übereinstimmung mit dem prophetischen Wort darauf hin, dass seine Erscheinung nah bevorsteht.

Was hat das alles zu sagen? Es bedeutet, dass jeder, der für Gott da sein möchte, keine Zeit zu verlieren hat, und dass er jede Minute als ein heiliges Vermächtnis ansehen sollte. Jede Stunde ist für uns von unermesslichem Wert. Wir sollten jeden Tag bereit sein, dem Herrn Jesus Christus vor dem Preisrichterstuhl zu begegnen.

König Philipp von Mazedonien war der Vater von Alexander dem Großen. Jeden Morgen ließ er sich von einer Sklavin sagen: »Philipp, bedenke, dass du sterben musst!«

Jeden Morgen will uns der Heilige Geist daran erinnern, dass wir »sterbliche Wesen sind, geboren für einen kurzen Tag«. Wir sollten unser Leben im Licht der Ewigkeit leben.

»Hilf mir, den Wert dieser Stunden zu erkennen! Hilf mir, die Torheit jeglicher Zeitvergeudung zu erkennen. Hilf mir, dir, Herr Jesus Christus, zu vertrauen, der du meine Schmerzen auf dich nahmst. Hilf mir, mich dir auf Leben und Tod auszuliefern. In allen meinen Tagen seist du verherrlicht, Herr Jesus, auf all meinen Wegen führe du mich. Gebrauche mich, Herr Jesus, wann und wie du willst. Für dich, Herr Jesus Christus, will ich leben oder sterben.«[2]

Wie lauten deine Pläne für den heutigen Tag, für den morgigen Tag und für die folgenden Tage? Und was dann?

---

2 Ebd.

Ewigkeit

Wenn es schon eine erschreckende Wahrheit ist, dass die Zeit kurz ist, wie viel mehr die Tatsache, dass die Ewigkeit unendlich ist. Nur wenige Wörter in unserer Sprache sind so schwer zu verstehen wie die Wörter Endlosigkeit, Unendlichkeit, Ewigkeit. Um dir diese Begriffe vorstellen zu können, solltest du einmal an die Zeit zurückdenken, die vor der Erschaffung der Welt und vor der Erschaffung der Engel liegt, zurück an die Zeit, wo nichts und niemand existierte außer Gott. Geh dann in deinen Gedanken immer noch weiter und weiter zurück, zurück an den anfanglosen Anfang, zurück, zurück, zurück. Gott war immer da. Er fing niemals an zu sein.

Wandere dann mit deinen Gedanken vorwärts in die Zukunft, in die zukünftige Zeit, wo diese Erde zerstört sein wird. Vorwärts, vorwärts, vorwärts. Immer weiter, immer weiter. Endlos, endlos, endlos. Wenn sich dann dein Verstand gegen die ihm zugeteilte enge Begrenzung zu wehren beginnt, dann erinnere dich daran, dass du selbst ewig leben wirst. Immer und immer. Ein endloses Leben. Ewigkeit!

Oft haben es die Menschen versucht, den Sinn der Ewigkeit nur ein wenig zu verstehen! So gab uns zum Beispiel Hendrik van Loon folgende klassische, obwohl unzulängliche Beschreibung: »Hoch oben im Norden, im Land Svithjod, steht ein Felsen. Er ist hundert Meilen hoch und hundert Meilen breit. Einmal in tausend Jahren kommt ein kleiner Vogel und wetzt an diesem Felsen seinen Schnabel.

Wenn einst der Felsen durch das Wetzen des Schnabels abgetragen sein wird, ist ein Tag der Ewigkeit vorbei!«[3]

Rowland Dixon Edwards versuchte die Ewigkeit auf folgende Weise darzustellen: »An Bord eines Ozeandampfers nehmen wir einen Fingerhut, lassen ihn an einem Faden ins Meer herab und ziehen ihn dann, gefüllt mit Salzwasser, aus dem Ozean wieder herauf. Dies ist ein Bild von der Zeit, die aus dem Meer der Ewigkeit herausgenommen ist.«[4]

Die Ewigkeit gleicht einem uferlosen Ozean. Sie ist Zeit ohne Ende. Sie ist der immerwährende Augenblick. Sie ist die Lebenszeit Gottes.

Ein Mensch ist erst dann weise, wenn er die überwältigende Tatsache in Betracht zieht, dass sein Leben nur ein Sandkörnchen an dem zeitlosen Ufer der Ewigkeit ist. Seine ganze Laufbahn sollte er in diesem Blickwinkel sehen.

Die Kathedrale von Mailand hat drei aneinandergrenzende Türen. Über der ersten Tür ist ein Kranz von Rosen eingekerbt mit der Inschrift: »All dies gefällt uns nur für einen Augenblick.« Die dritte Tür ist mit einem Kreuz gekrönt und trägt die Inschrift: »All dies betrübt uns nur für einen Augenblick.« Über der mittleren Tür findet sich die Mahnung: »Das nur ist wichtig, was ewig ist.«

Als Christen müssen wir uns unbedingt mit der Tatsache der Ewigkeit auseinandersetzen. Wir sollten mit dieser

3 Hendrik W. Van Loon, *The Story of Mankind* (New York: Boni and Liveright, 1926), S. 1.
4 Rowland Dixon Edwards, *Doing or Done* (New York: Loizeaux Brothers), S. 99.

erschreckenden Wirklichkeit unbedingt rechnen und unser Leben darauf einrichten. Wenn wir so auf unserem Lebensweg voranschreiten, wird ein seltsames Leuchten in unseren Augen und eine merkwürdige Entschlossenheit in unseren Herzen sein, weil unsere Pläne nicht in der Zeit enden. Wir leben für ein »Dann«, nicht für ein »Jetzt«.

Die goldene Zeit

Junge Christen, die versuchen, das Ende ihres Lebens aufrichtig ins Auge zu fassen, müssen erkennen, dass die Jugend in jeder Beziehung die goldene Zeit ist. Sie ist die Lebenszeit, in der die Kräfte des Menschen am stärksten sind, in der sein Verstand am schärfsten und seine Begeisterung am echtesten ist.

Dass Gott eine Vorliebe für die Jugend hat, wird deutlich in Jeremia 2,2, wo es heißt: »Ich gedenke dir die Zuneigung deiner Jugend, die Liebe deines Brautstandes, dein Wandeln hinter mir her in der Wüste, im unbesäten Land.«

Die Jugendzeit hat etwas Besonderes an sich. Ganz natürlicherweise ziehen wir das ausgelassene Kätzchen einer alten, mageren, herumirrenden Katze vor. Das Fohlen auf der Weide erregt mehr Aufmerksamkeit als die alte ausgemergelte Stute. Wo immer du auch sein magst – fühlst du dich nicht immer zu den Kindern hingezogen?

Ebenso hat Gott im geistlichen Bereich einen besonderen Blick für die heranwachsende Jugend, für die Glut und Inbrunst ihrer ersten Liebe. Er liebt die Stärke, den Eifer und den Wagemut der Jungen. Er freut sich darüber, dass sie in ihrer Aufopferung nicht berechnend sind, er freut sich über ihre leidenschaftliche Anhängerschaft und ihre willige Hingabe an ihn.

»Ich gedenke dir die Zuneigung deiner Jugend, die Liebe deines Brautstandes …«

Jugend ist die Zeit der Leistung. »Vergil stand an der Spitze der lateinischen Dichter. Luther führte die Männer der Reformation an, und Newton war in der vorderen Reihe unter den Entdeckern. Sie alle waren noch keine 30 Jahre alt. Bevor Herodot 28 Jahre alt war, hatte er schon bei den Olympischen Spielen seine neun Geschichtsbücher vorgetragen. Hannibal hatte in diesem Alter bereits Spanien unter die Herrschaft von Karthago gebracht. Im Alter von 25 Jahren war Demosthenes der goldene Mund von Griechenland und Cicero die silberne Zunge von Rom. Raphael stand im gleichen Alter, als er von Julius II. aufgefordert wurde, mit seinen unsterblichen Gemälden die Wände des Vatikans zu schmücken. Galilei betrachtete, auf der Suche nach unentdeckten Sternen, bei Nacht die Pfade der glänzenden Gestirne am Himmel. Shakespeare stand im gleichen Alter an der Spitze aller Schriftsteller von Dramen. Mit 22 Jahren hatte Alexander das Reich der Perser besiegt, und Napoleon und Washington waren in diesem Alter bereits herausragende Generale. Als 20-Jähriger war Plato der vertraute Freund von Sokrates und ihm ebenbürtig. Er berief den 17-jährigen Aristoteles zu sich, der als das geistige Haupt seiner Schule galt. Pascal war schon mit 19 Jahren ein großer Mathematiker, und Bacon war nicht älter, als er das Fundament zu seiner induktiven Philosophie legte. Mit 25 Jahren waren Jonathan Edwards und George Whitefield Fürsten unter den Predigern, und 30-jährig ließ Jesus Christus seine frohe Botschaft erschallen.«[5]

Im Greisenalter hingegen sind unsere besten Kräfte verbraucht. Die Hände beginnen zu zittern, und die Beine

5 Delavan L. Pierson, *Arthur T. Pierson* (New York: Fleming H. Revell Company, 1912), S. 306 und 7.

krümmen sich unter der Last des Körpers. Vielleicht sind nur noch ein paar Zähne übrig geblieben, und die Augen sehen durch Brillengläser. Die Ohren brauchen ein Hörgerät, und die Sprache wird schwach und krächzend. Im hohen Alter melden sich Schlaflosigkeit, Furchtsamkeit, Mangel an Appetit und eine allgemeine Schwäche. Das hohe Alter ist eine Last.

Wie passend sind die Worte des Predigers: »Und gedenke deines Schöpfers in den Tagen deiner Jugendzeit, ehe die Tage des Übels kommen und die Jahre herannahen, von denen du sagen wirst: Ich habe kein Gefallen an ihnen« (Pred 12,1).

In der Jugendzeit soll man des Herrn gedenken, und zwar nicht nur im Blick auf die Errettung, sondern auch im Blick auf einen willigen Dienst für ihn.

Wenn junge Christen nur einsehen würden, dass sie bestimmte Dinge nur als junge Menschen tun können, aber nie mehr, wenn die Jugend vorbei ist.

Das Zeugnis eines Jugendlichen hat besondere Kraft bei Gleichaltrigen. Weltlich gesinnte Menschen werden gefesselt durch das männliche Zeugnis und den Ernst eines jungen Zeugen Jesu, während sie das Zeugnis eines älteren Menschen leicht als fanatisch abtun. Junge Menschen sind bereit, sich Gefahren auszusetzen, sind bereit, für ihren Herrn zu kämpfen, während bei den älteren Menschen oft Furcht vor Widerspruch besteht und sie zu allzu großer Vorsicht neigen. Viele Gläubige planen ihre Laufbahn unter dem verschwommenen Gedanken, irgendwann später einmal für Jesus Christus zu leben und zu arbeiten, nachdem sie ausgesorgt haben. Später, wenn sie sich vom Berufsleben zurückgezogen haben, wollen sie aktiv werden, mit anderen Worten: wenn sie alt geworden sind.

Gott will nicht den letzten Rest eines vertrödelten Lebens haben. Er wünscht das Beste: Er will uns ganz und will alles haben. Im Alten Testament verlangte er vollkommene und vollständige Opfer. Seine Ansprüche haben sich nicht geändert! Können wir ihm mit gutem Gewissen das anbieten, was runzelig, abgelebt und abgenutzt ist? Nein, unsere Vernunft verlangt, dass wir ihm unser Bestes geben. Unser Bestes ist unsere Jugend!

»Jesus Christus wünscht das Beste. In weit zurückliegenden Zeiten beanspruchte er die Erstlinge der Herde, das Feinste des Weizens. Auch heute bittet Jesus seine Jünger mit sanftem Drängen, ihm ihre großen Hoffnungen und ihre großen Begabungen zur Verfügung zu stellen. Er wird den schwächsten Dienst, den geringsten Liebesbeweis nicht vergessen. Er bittet, dass wir ihm das Beste geben, das wir haben. Jesus Christus selbst gibt das Beste, was er hat. Er nimmt unser Herz an, wenn wir es ihm anbieten, und füllt es mit seiner Herrlichkeit, mit seiner Freude und mit seinem Frieden. Wenn wir in seinem Dienst zunehmen, werden auch die Anforderungen zu größerer Leistung zunehmen. Die reichsten Geschenke hier auf dieser Erde oder im Himmel droben sind verborgen in Jesus Christus. In Jesus bekommen wir das Beste, was wir uns denken können.

Ist unser Bestes etwa zu viel? Freunde, wir wollen nicht vergessen, wie unser Herr einst sein Leben für uns in den

Tod gab! Im besten Mannesalter seines geheimnisvollen Menschseins gab er sein kostbares Leben für uns am Kreuz hin. Der Herr aller Herren, durch den die Welten entstanden sind – durch bitteren Kummer und durch Tränen gab er uns das Beste, das er hatte.«[6]

Von diesem Wunsch, sein Bestes herzugeben, war Peter Fleming beseelt. Er starb im Alter von 27 Jahren am 8. Januar 1956 als christlicher Märtyrer in Ecuador. Es war seine heilige Entschlossenheit, das Beste und Feinste seiner Jugendkraft, seiner Begabung, seiner Liebe und seines Lebens für Jesus Christus hinzugeben. Sein edler Entschluss kommt in folgender Hymne – es war eins seiner liebsten Lieder – am besten zum Ausdruck:

Herr, in der Fülle meiner Kraft
Gehört dir meine Zeit.
Und alles, was mir Freude schafft,
Sei dir im Lied geweiht.
Nicht häng' mein Herz an dieser Welt,
Wenn fromm die Worte geh'n!
Nicht erst wenn meine Kraft verfällt,
Will ich zu Diensten steh'n.
Lass doch nicht pausenlos mich müh'n
Um Torheit dieser Welt,
Und nur ganz matt zum Himmel zieh'n,
Weil das so schwer mir fällt.
Dass ich nur dien' mit letzter Kraft
Und mürrischem Gesicht,
Und alles ohne Lebenssaft –

6 Autor unbekannt. Zitiert in: *Evangelical Christian*, Februar 1952, S. 76.

Nur Asche und kein Licht!
Erwähl mich in der gold'nen Zeit,
Sei meiner Freuden Schein!
Lass deiner Ehr' in Ewigkeit
Mein ganzes Herz sich weih'n!
(Thomas H. Gill)

Die Tragödie einer vertanen Jugend kann durch nichts wiedergutgemacht werden. Deshalb sollte sich jeder heute noch fragen: Wie wird die Biografie meiner Jugendjahre aussehen? Wird sie ein trauriger Bericht sein von Lauheit in den Dingen Gottes? Oder wird sie der Bericht eines leidenschaftlichen Lebens sein, das dem Herrn Jesus Christus vollkommen ausgeliefert war?

Bedenke, dass deine Biografie heute geschrieben wird!

Ein Bildungsweg, der für die Ewigkeit von Wert ist

In einer Zeit, wo man viel zu viel Gewicht auf Ausbildung und Vorwärtskommen legt, sollten junge Christen unbedingt mit einigen grundlegenden Wahrheiten vertraut gemacht werden, die ihnen in ihrem Forschungs- und Wissensdrang als Wegweiser dienen können und die sie befähigen, den verschiedenen Studiengängen den Platz zuzuweisen, der ihrem wirklichen Wert entspricht.

Vor allem sollten wir uns darüber im Klaren sein, dass wir nie zu einem vollkommenen Wissen gelangen können. Allwissenheit ist allein Gottes charakteristische Eigenschaft. Wir selbst werden nie wie Gott sein; wir werden niemals aufhören zu lernen. Wenn wir das einmal einsehen, dann kann das unsere Vorbereitung für die Ewigkeit sehr stark beeinflussen.

Die Heilige Schrift weist darauf hin, dass der Lernprozess aber auch im Himmel nicht aufhören wird. In Epheser 2,7 sagt Paulus, dass Gott »in den kommenden Zeitaltern den überragenden Reichtum seiner Gnade in Güte an uns erweist in Christus Jesus.« Wenn uns Gott auch in der Ewigkeit noch etwas offenbaren will, dann ist es doch klar, dass wir auch dort unaufhörlich zu lernen haben. Das kann wohl auch gar nicht anders sein, denn der Lehrstoff ist so unerschöpflich, dass Gott uns niemals vollständig all seine Herrlichkeit lehren kann. Während Satan alles, was die Welt zu bieten hat, in einem Augenblick zeigen konnte (Lk 4,5), wird Gott den unerforschlichen Reichtum Christi auf immer, also ewiglich, zum Erforschen anzubieten haben. Er wird seinen Schülern niemals akademische Grade erteilen! Es wird eine unaufhörliche Entfaltung einer wundervollen Liebe sein. Wir werden zu seinen Füßen sitzen voller Entzücken und unaufhörlich mehr und mehr lernen.

In der Heiligen Schrift gibt es zwei oder drei Stellen, die dem zu widersprechen scheinen. Diese Worte scheinen zu sagen, dass wir im Himmel alles wissen werden. So sagt Johannes zum Beispiel in seinem ersten Brief, dass wir Christus gleich sein werden. Darunter sollte man aber weder eine äußere noch eine geistige Ähnlichkeit verstehen, sondern vielmehr eine sittliche. Wir werden ihm darin gleich sein, dass wir für immer von der Gegenwart der Sünde befreit sein werden.

Auch Paulus führt in 1. Korinther 13,12 aus, dass wir erkennen werden, gleich wie auch wir erkannt worden sind. Das kann aber nicht bedeuten, dass wir einmal eine allumfassende Kenntnis besitzen werden. Wir werden immer Geschöpfe bleiben, die hinter ihrem Schöpfer zurückstehen. Wir werden immer nur ein begrenztes Wissen haben.

Wenn wir nun zugeben, dass wir im Himmel Lernende sein werden, ergibt sich folgende Frage: Welches Wissen, welche Erkenntnis werde ich in dem Augenblick haben, in dem ich in den Himmel eingehe? Folgende Antwort ist naheliegend: die Erkenntnis, die wir in dem Augenblick gehabt haben, wo wir die Erde verlassen haben. Wenn das wirklich so ist, könnte es von der allergrößten Bedeutung für uns sein. Es lässt uns erkennen, dass es töricht wäre, wenn wir unser Leben ausschließlich dem Erwerb umfassender irdischer Kenntnisse widmeten, die im Himmel verhältnismäßig wertlos sind. Du magst den Ehrgeiz haben, dich auf gewissen Gebieten der Wissenschaft, der Literatur oder der Politik besser auszukennen als alle anderen. Du magst dieses Ziel auch erreichen, aber was wird es dir im Himmel nützen? Eine bedeutende irdische Laufbahn sieht unbedeutend, flach und seicht aus, wenn wir sie im Licht der Ewigkeit betrachten.

Dagegen ist die gründliche Kenntnis des Wortes Gottes von ewigem Wert und von ewiger Bedeutung. Was wir hier aus der Heiligen Schrift in uns aufnehmen, ist eine Anlage für die Ewigkeit, denn auch im Himmel wird das Wort Gottes weiter gelten. Jesus sagte: »Himmel und Erde werden vergehen, aber meine Worte werden nicht vergehen.« Und der Psalmist schrieb: »Auf ewig, o Herr, steht dein Wort im Himmel fest.« Daraus folgt, dass jeder Vers der Heiligen Schrift, den wir auswendig lernen, dass jedes Kapitel, das wir zu erforschen suchen, ja, dass alles, was wir aus der Bibel in uns aufnehmen, für das vor uns liegende jenseitige Leben nützlich ist.

Die Meinung, dass wir im Himmel alle gleich sein werden, ist gewiss nicht schriftgemäß. Gottes Wort lehrt deutlich, dass es für die Erretteten unterschiedliche Belohnungen gibt, wie es auch für die Verdammten verschiedene Grade von Strafe geben wird. Obgleich alle im Himmel glücklich sein werden, dürften doch einige eine größere Fähigkeit im Genuss der Herrlichkeit haben als andere. In Wirklichkeit werden wir den Herrn Jesus in dem Verhältnis würdigen und wertschätzen, wie wir ihn hier durch das Wort Gottes kennengelernt haben. Jedermanns Becher wird bis zum Rand gefüllt sein, aber einige werden größere Becher haben als andere.

Es ist natürlich für jeden von uns notwendig, sich ein ausreichendes »weltliches« Wissen anzueignen, um einen passenden Beruf ergreifen und ausüben zu können. Aus diesem Grund besuchen einige eine Hochschule, während sich andere in Spezialfächern ausbilden. Es ist aber wichtig, sich immer zu vergegenwärtigen, dass diese Art von Ausbildung nicht das Wesentliche im Leben bleiben darf. Sie kann nur ein Meilenstein auf dem Weg sein, ein Mittel, um unseren Lebensunterhalt zu verdienen, während für uns im Vordergrund als höchstes Ziel stehen sollte, Jesus Christus immer mehr zu erkennen und ihn den Menschen bekannt zu machen. Für einen Christen ist es unentschuldbar, wenn er die Ausbildung als höchstes Ziel betrachtet und das ewige Wort Gottes vernachlässigt.

Es gibt nur wenige Tatsachen, die eine so tiefe Wirkung auf die Ausrichtung des Lebens eines Menschen haben können wie die, von denen wir eben sprechen. Wenn wir auch beim Eingang in den Himmel nicht alles wissen werden, so können wir doch mit Sicherheit annehmen, dass wir so viel an Wissen mitbringen werden, wie wir hier auf der Erde gelernt haben. Darum ist es so wichtig, dass wir darauf bedacht sind, uns für die himmlische Wirklichkeit vorzubereiten. Wir sollten uns fortwährend dagegen wehren, dass wir unser Leben einer irdischen Gelehrsamkeit öffnen, die im Himmel von wenig Nutzen sein wird. Akademische Grade sollten wir an ihren richtigen Platz stellen. Sie sollten lediglich als Werkzeug gebraucht werden, um dem Herrn wirksamer dienen zu können. Wir sollten die Heilige Schrift in unserem Leben an den ersten Platz stellen, um mit ihrem Autor wie auch mit ihrem heiligen Inhalt besser bekannt zu werden.

Ja, es wird im Himmel ein weiteres Lernen, ein weiteres Erkennen und Wachsen geben! Und unsere Freude an diesem himmlischen Lehrgang wird davon abhängen, ob wir auf der Erde mit der Bibel richtig umgegangen sind.

Du selbst bestimmst deine Zukunft

Wirst du erschrecken, wenn ich dir sage, dass du in hohem Maße deine eigene Zukunft bestimmst? Du wirst im Leben das werden, was du in Wirklichkeit zu werden wünschst. Wenn du intensiv wünschst, in einer bestimmten Laufbahn zum Ziel zu kommen, so wirst du wahrscheinlich Erfolg haben. Dies ist ein sehr wertvolles Geheimnis, ein Geheimnis, das verdient, weit und breit bekannt gemacht zu werden. Du hältst den Schlüssel zu deiner eigenen Zukunft in deiner Hand!

Erinnere dich, dass Gott eines Nachts dem Salomo erschien und ihn fragte, was er sich wünsche. Salomo erbat sich Weisheit und Wissen. Seine Bitte wurde erhört. Dazu kamen noch Reichtum, Gesundheit, Ehre, Sieg und ein langes Leben.

Auf ganz ähnliche Weise tritt Gott mit dieser Frage an jeden Menschen heran: »Bitte, was ich dir geben soll!« Worum wir dann bitten, ist im Grunde genommen das, was wir erhalten.

Es wird erzählt, dass Lord Roseberry als junger Mensch drei ehrgeizige Pläne leidenschaftlich verfolgte: Er wollte das Derby (ein Pferderennen) gewinnen, die Tochter eines Millionärs heiraten und Premierminister werden. Es ist bekannt, dass er diese drei Ziele erreichte.

Vor einigen Jahren kniete in Chicago ein junger Mann vor seinem Bett nieder, hielt dem Herrn Psalm 145,9 vor und bat ihn ernstlich darum, ihm doch zu helfen, große Teile des Wortes Gottes auswendig zu lernen. Er würde dann imstande sein, Traktate zu schreiben und könnte große Mengen davon verteilen. Er könnte außerdem das Evangelium verkündigen und am Wort Gottes dienen, und weiter könnte er noch religiöse Aufsätze zur Erbauung der Gläubigen verfassen.

Dieser junge Beter war Tom Olson. Wer ihn kannte, weiß, dass er eine ungewöhnliche Begabung hatte, Gottes Wort im Gedächtnis zu behalten, dass seine Evangeliumsverkündigung und seine Bibelvorträge bisher für viele zum großen Segen geworden sind, dass seine Aufsätze, die er für die Zeitschriften schrieb, weit und breit gelesen wurden, und dass seine Traktate allergrößte Verbreitung gefunden haben.

So ist es mit jedem jungen Menschen. »Die Zukunft liegt vor ihm wie ein unbeschriebenes Buch, das bereit liegt, um das aufzunehmen, was er auf seine Seiten schreiben will«[7].

Damit kommen wir zum Kern der Sache. Überleg dir vorher genau, was du dir wünschst. Von deiner Wahl hängt sehr viel ab. Bei einer falschen Wahl könnte das Ende schrecklich sein.

»Wenn das flüssige Metall aus dem Hochofen fließt, kann es in irgendeine Form gegossen werden. Bald kühlt es ab. Es wird hart und behält dann hartnäckig die Form, in die es gegossen wurde. Kein Hammerschlag vermag sie mehr zu verändern.

---

7 Alexander Maclaren, *Expositions of Holy Scripture. Deut. – 2 Kings VII* (New York: George H. Doran Co.), S. 155-156.

Wenn junge Leute sehen könnten, welche Möglichkeiten ihnen ihre Jugend bietet, und gleichzeitig das Endergebnis, das von ihrer Wahl abhängt, so klar sähen, wie sie es eines Tages sehen werden, dann würden nur wenige ihr Leben vergeuden!«[8]

Denkende junge Leute sollten sich ihrer kostbaren Wahlmöglichkeiten bewusst sein. Sie sollten erkennen, dass sie fast alles werden können, was sie gern möchten. Sie sollten deshalb unendlich vorsichtig sein, damit ihre Wahl wirklich eine würdige Wahl ist.

Wenn Gott dich heute fragen würde: »Welche Wünsche hast du im Blick auf dein Leben auf der Erde?«, was würdest du antworten? Höre auf ihn; er fragt dich!

---

8 Ebd.

Ehrgeizige Pläne: Klug oder unklug?

Wie sollte ein wertvoller, ehrgeiziger Lebensplan aussehen? Welche Laufbahn wird sich fünf Minuten nach unserem Tod als die wertvollste erweisen? Welches ist die bestmögliche Art und Weise, wie wir unsere Zeit, unsere Gaben und Fähigkeiten und unser Vermögen investieren können?

Sollten wir uns nicht zuerst einmal darüber einig werden, dass zum Beispiel reich werden zu wollen kein geeignetes Lebensziel für einen Christen ist?

Erstens: Das Schätzesammeln auf dieser Erde ist von Jesus selbst ganz klar verboten worden (Mt 6,19). Es ist deshalb ebenso verwerflich wie Unzucht oder Mord.

Zweitens: Materieller Reichtum ist ein starkes Hindernis für das geistliche Wachstum (Mk 10,23-25).

Drittens: Der Reichtum betrügt (Mk 4,19): Er spiegelt eine Wirklichkeit vor, aber in Wirklichkeit schwindet er rasch und unerwartet dahin.

Viertens: Unser Vorbild, der Herr Jesus, war ein armer Mann (2Kor 8,9). Er betonte immer wieder, dass der Knecht nicht besser ist als sein Herr (Mt 10,24-25).

Fünftens: Reichtümer können nicht in den Himmel mitgenommen werden (2Kor 4,18).

Sechstens: Wie kann ein Christ reich bleiben, wenn er

ringsumher in der Welt all die Armut und Not sieht? Das ist ganz und gar unverständlich.

Vor einigen Jahrzehnten erschien in einer Zeitschrift in Ontario folgender Text: »Der verstorbene John Livingstone war bei seinem Tod der reichste Mann im Kreis Perth, Ontario. Sein Besitz wird auf 500 000 $ geschätzt. Außerdem war sein Leben mit 500 000 $ versichert. Er war der Bruder von David Livingstone, dem berühmten schottischen Missionar und Forschungsreisenden.

In ihren jungen Jahren machten diese beiden Menschen in ihrer schottischen Heimat große Zukunftspläne. John sagte: ›Ich werde nach Kanada gehen, um dort mein Glück zu machen.‹ Und er erreichte sein Ziel!

David hingegen übergab sein Leben dem Herrn Jesus Christus, seinem Retter. Er nahm sich als Lebensaufgabe vor, in das Hinterland von Afrika einzudringen, um Menschen für das Evangelium zu gewinnen.

Nach weltlichen Maßstäben war John ein kluger, David dagegen ein törichter Mann. Aber weltliche Maßstäbe sind äußerst kurzsichtig. Obwohl John hervorragende berufliche Erfolge zu verzeichnen hatte und große Reichtümer erwarb, ist sein Name völlig in Vergessenheit geraten. Dagegen hat David Livingstone sein Leben Jesus geweiht, diente ihm in Afrika und starb dort auf seinen Knien betend einsam und verlassen. Aber sein Name ist überall in der ganzen Welt berühmt, wo das Evangelium bekannt ist.«[9]

---

9 C. Ernest Tatham, *Young Believers' Department* (HELP AND FOOD Magazine, Juli 1949), S. 324-325.

Das Streben nach Reichtum ist aber nicht die einzige große Gefahr. Im Leben des Menschen kann sich noch ein anderes Ziel sehr stark bemerkbar machen: Man will eine weltbekannte Persönlichkeit sein; man will berühmt werden.

Einige suchen sehr weit zu kommen in ihrem Geschäft oder in ihrem Beruf. Sie setzen dafür ihre besten Kräfte ein. Handel oder Wissenschaft werden für sie zu Götzen, die sie anbeten. Unaufhörlich streben sie nach Erfolg in dem von ihnen gewählten Gebiet, während ihnen Gott laut zuruft: »Und *du* trachtest nach großen Dingen für dich? Trachte nicht danach!« (Jer 45,5).

Einige geben im Sport ihr Bestes. Sie trainieren hart und nehmen sich dabei streng in Zucht. Gern nehmen sie Opfer auf sich, um das gesteckte Ziel zu erreichen. In der »Hitze des Gefechts« setzen sie alle Kräfte bis zum äußersten ein, um einen Preis zu gewinnen. Die Heilige Schrift sagt dazu, dass Gott kein Gefallen »an den Beinen des Mannes« hat (Ps 147,10). Er schätzt den Sport nicht hoch ein, weil in 1. Timotheus 4,8 steht: »denn die leibliche Übung ist zu wenigem nützlich, die Gottseligkeit aber ist zu allen Dingen nützlich, da sie die Verheißung des Lebens hat, des jetzigen und des zukünftigen.«

Andere streben nach Amt und Würden, indem sie ihre intellektuellen Anstrengungen auf Spezialgebiete konzentrieren, auf Philosophie, Geschichte oder Musik und so weiter. Es ist eine unsagbare Tragödie, wenn Christen ihr Leben darauf ausrichten, Fachleute zu werden auf Gebieten, die im Himmel gar keine oder nur ganz geringe Bedeutung haben werden.

Wieder andere lassen sich von dem edlen Gedanken leiten, ihren Mitmenschen helfen zu wollen. Sie stürzen sich in die Welt der Politik oder in irgendeine soziale Arbeit. Es muss allerdings zu ihren Gunsten gesagt werden, dass es sich bei ihnen im Vergleich zu den bisher besprochenen Gruppen um die selbstlosesten Menschen handelt. Aber selbst ihre uneigennützige Arbeit ist unzureichend.

Wenn man einem Menschen wirklich helfen will, seine speziellen, oft großen Probleme zu lösen, muss man seine Natur verändern. Durch keinen noch so großartigen Plan kann den Menschen wirklich geholfen werden. Nur das Evangelium bringt die wahre Lösung. Die echteste Menschenliebe zeigen wir den Menschen, wenn wir sie mit dem Herrn Jesus Christus bekannt machen.

So könnten wir fortfahren, all das zu untersuchen und zu beschreiben, wofür die Menschen eigentlich leben. Sehr schnell fänden wir heraus, dass in den meisten Fällen die Anstrengungen des Menschen der Sache, für die er sich einsetzt, nicht würdig sind. Sie hat nur Wert im Blick auf dieses Leben und kann daher niemals dem Ziel des Christen entsprechen, der für zwei Welten lebt.

»Ein Menschenleben, das nicht zwei Welten in Betracht zieht, hat seinen wahren Sinn noch nicht entdeckt. Es gibt ein gegenwärtiges und ein zukünftiges Leben. Für jemanden, dessen Haupt grau geworden ist, ist es keine Ehre, wenn er nicht früher an das andere Leben gedacht hat. Ich möchte mit meinen Worten alle die erreichen, die noch keine grauen Haare haben, und mit ihnen reden. Möchten sie doch das ewige Leben bedenken, während es noch

Zeit ist, damit sie ihr Leben befreien von Unglauben und Gemeinheit, von Selbstsucht und Engherzigkeit, damit Glaube und Rechtschaffenheit ihr Leben erfüllt und sie nicht an der Tatsache vorbeigehen, dass ihr Leben zwei Welten angehört.

Zwei Welten! Die eine so kurz, die andere ohne Ende! Was mag uns in der Welt der Ewigkeit bevorstehen? Das ist die Frage, die das Zeitliche und Vergängliche so unendlich wichtig macht. Was ich heute getan habe, ist für mich von Bedeutung für alle Ewigkeit. Solange ich das nicht eingesehen habe, habe ich das Problem des Lebens noch nicht wirklich ins Auge gefasst.«[10]

William Kelly war ein hervorragender Schriftgelehrter. Er lebte Ende des 19. Jahrhunderts in Großbritannien. Durch seine Gelehrsamkeit und seinen geistlichen Zustand wurde er zu einer von Gott gebrauchten, machtvollen Persönlichkeit. Kelly half einem jungen Verwandten bei seiner Vorbereitung zur Aufnahme in das *Trinity Co Begein Dublin.* Dabei zog er die Aufmerksamkeit der dortigen Professoren auf sich. Sie versuchten Kelly zu überreden, am College eine Lehrtätigkeit anzunehmen; er könnte doch so zu hohen Ehren gelangen. Die Professoren merkten aber bald, dass sie Kelly mit diesem Vorschlag nicht beeindrucken konnten. Sie waren ganz verblüfft darüber, und einer von ihnen fragte ihn ärgerlich: »Aber, Mr Kelly, haben Sie denn gar kein Interesse daran, sich in der Welt einen Namen zu machen?« Worauf Kelly zu ihrem Erstaunen erwiderte: »In welcher Welt, meine Herren?«

10 Dr. C. I. Scofield, *In Many Pulpits with C. I. Scofield* (New York: Oxford University Press, 1922), S. 73.

Ja, das war eine Antwort. Wenn wir über unsere ehrgeizigen Lebenspläne nachdenken, so sollte nie die Frage fehlen: In welcher Welt, meine Herren?

Können deine ehrgeizigen Pläne in diesem Licht einer Prüfung standhalten?

Die Grundprinzipien des Lebens

Will man über die eigene Zukunft vernünftig nachdenken, dann muss man unbedingt drei Grundprinzipien in Erwägung ziehen: unsere Verpflichtung Gott gegenüber, unsere Verpflichtung unseren Mitmenschen gegenüber und unsere Verpflichtung uns selbst gegenüber.

Von keinem Leben kann man behaupten, dass es erfolgreich ist, wenn diese drei Prinzipien nicht beachtet werden.

Dein Gott

Gott zuallererst! Selbst wenn Gott nur unser Schöpfer wäre, würden wir ihm unbedingtes Vertrauen und unermüdlichen Dienst schuldig sein. Bedenken wir aber die Tatsache, dass der große Schöpfer unser Heiland wurde, dann kann es keine Ausreden mehr geben – Gott zuallererst!

Jeder von uns muss sich mit folgenden ewigen Wahrheiten auseinandersetzen:

Erstens: Aus lauter Barmherzigkeit sandte Gott seinen einzigen Sohn, damit er an unserer Stelle den Tod schmecken sollte.

Zweitens: Willig verließ der Herr Jesus die Herrlichkeit des Himmels und kam unseretwegen in diese sündige Welt.

Drittens: Um uns zu erretten, duldete, blutete und starb er.

Viertens: Der Eine, der starb, war nicht ein beliebiger Mann, sondern er war der, der die Welten ins Dasein rief.

Fünftens: Er starb für uns, als wir noch seine Feinde waren.

Sechstens: Die Leiden, die er erduldete, um die Strafe für unsere Sünden zu tragen, waren so schwer, dass kein menschlicher Geist jemals imstande sein wird, sie zu verstehen.

Siebtens: Für ihn waren wir so wertvoll, dass er sein Blut vergoss, um uns auf dem Sklavenmarkt der Sünde dem Satan abzukaufen.

Achtens: Er starb, um unser König, Herr und Meister zu werden.

Es besteht die große Gefahr, dass diese Wahrheiten zum Gemeinplatz der Christen werden. Wenn aber, was vielleicht nur selten geschieht, Lichtstrahlen der Herrlichkeit dieser Wahrheiten in unsere Seele fallen, werden wir mit tiefer Ehrfurcht erfüllt und können nur ausrufen:

Nach allem, was er tat,
Nach allem, was er tat,
Sollt' ich ihm nicht mein Bestes weih'n
Und liebend gern sein Sklave sein,
Nach allem, was er tat?

(Betty Daasvand)

Wenn es wahr ist, dass mich Jesus Christus mit seinem Blut erkauft hat – und es ist wahr –, dann liegt es auf der

Hand, dass ich nicht länger mir selbst gehöre, sondern ihm allein.

So urteilte auch der Apostel Paulus, als er schrieb: »Denn die Liebe des Christus drängt uns, indem wir so geurteilt haben, dass einer für alle gestorben ist und somit alle gestorben sind. Und er ist für alle gestorben, damit die, die leben, nicht mehr sich selbst leben, sondern dem, der für sie gestorben und auferweckt worden ist.« (2. Korinther 5,14-15)

Von jetzt an können wir nicht mehr für uns selbst leben, sondern für ihn! C. T. Studd konnte auch keinen anderen Schluss ziehen: »Es war mir über Jesus erzählt worden, dass er für mich gestorben sei. Ich hatte aber noch nicht begriffen, dass ich nicht mehr mir selbst gehörte, wenn er für mich gestorben war. Erlösung bedeutet Rückkauf, Loskauf. Wenn ich also ihm gehörte, musste ich entweder ein Dieb sein, wenn ich behielt, was mir nicht mehr gehörte, oder aber ich musste alles Gott übergeben. Als ich einsah, dass Jesus Christus für mich gestorben war, fiel es mir nicht schwer, ihm alles auszuliefern.«[11]

Isaac Wattes drückte diese überzeugende Logik in dem wohlbekannten, aber wenig in die Praxis umgesetzten Vers aus: »Wär mein die Welt mit ihrem Glanz, wär's doch als Opfer viel zu klein. Für solche Liebe nimm mich ganz; ich selbst will, Herr, das Opfer sein.«

Graf von Zinzendorf sagte: »Ich dachte, ich wäre meines Heilandes nicht wert, wenn ich ihm nicht anbieten würde,

11 Zitiert von H. A. Evan Hopkins, *Henceforth* (London: The Inter-Varsity Fellowship, 1954), S. 23.

was ich am meisten liebe.« Und Pilkington von Uganda war innerlich gezwungen zuzugeben: »Wenn er König ist, dann hat er ein Recht auf alles.«

Vor einigen Jahren bemerkte Missionar T.E. Wilson, als er in Angola zu einer Gruppe von Eingeborenen sprach, einen großen, kräftig aussehenden Mann unter seiner Zuhörerschaft. Neben ihm stand ein ängstlich aussehender, zitternder Bursche. Jedes Mal, wenn sich der Mann bewegte, zuckte der Bursche zusammen. Nach Schluss des Gottesdienstes erfuhr der Prediger, dass es wieder die alte Geschichte war: Ein grausamer Herr und sein Sklave. Sofort fing Wilson an, mit dem Sklavenhalter zu verhandeln, um den Jungen loszukaufen. Da für den Sklaven ein hoher Preis verlangt wurde, begann ein Hin- und Herfeilschen. Schließlich gelangte der Junge in die Hände des Missionars. Er war um einen hohen Preis erkauft worden. Als der Missionar mit dem Sklaven nach Hause ging, erkannte er bald, dass der Sklave vor ihm genauso große Angst hatte wie vor seinem früheren Besitzer. Als sie schließlich Wilsons Wohnung erreicht hatten, setzte er sich mit dem Jungen hin und sagte: »Mein Sohn, ich habe dich heute gekauft, und jetzt gehörst du mir. Du bist aber von jetzt an frei und kannst tun und lassen, was du willst. Du darfst in den Dschungel zurückkehren und dort bei deinen Stammesgenossen leben; du darfst aber auch in meinem Haus bleiben und ein Glied meiner Familie sein.«

Sobald der Bursche erkannte, dass der Missionar wirklich das meinte, was er sagte, blickte er ihn mit tränennassen Augen an und sagte: »Mr Wilson, ich will für immer Ihr Sklave sein.«

Was für eine andere vernünftige Antwort hätte er auch geben können? Und genauso sollten auch wir sagen: »Herr Jesus, ich will für immer dein Sklave sein. Meine Hände, meine Füße, meine Stimme, mein Verstand – alles gehört dir. Du hast für mich geblutet und bist für mich gestorben. Von nun an will ich für dich leben.«

Gottes Barmherzigkeit verpflichtet uns zu unauslöschlichem Dank. Nur eine vollständige Übergabe unseres Lebens an Jesus Christus ist eine vernünftige Antwort auf seine Liebe (vgl. Röm 12,1-2).

Dein Nächster

Wir haben aber noch eine zweite Verpflichtung, und das ist die gegenüber unseren Mitmenschen. Wahres Christentum ist seinem Wesen nach selbstlos. Es müht sich in einer völligen Dienstverpflichtung, Gläubigen und Ungläubigen, Gebildeten und Ungebildeten zu dienen (vgl. Röm 1,14). Wahre Christen werden von einer Leidenschaft zur Rettung von Menschen getrieben und stehen unter einem geheimnisvollen Zwang, unter dem sie ausrufen: »Wehe mir, wenn ich das Evangelium nicht predigte!« (1Kor 9,16)

Eifrige Christen können deshalb für sich ohne folgende Überlegungen keinen Lebensplan aufstellen:

Erstens: Die Welt um uns herum ist dem Sterben geweiht. Täglich gehen hunderttausend Menschen dahin, einer nach dem anderen. Die meisten von ihnen haben noch nie etwas von Jesus Christus gehört.

Zweitens: Unvergleichliche Freude des Himmels erwartet die Erretteten, aber unbeschreibliche Leiden der Hölle werden das Teil derer sein, die ohne Jesus Christus sterben. Jeder Christ sollte sich einmal für eine Stunde Zeit nehmen und über die Hölle nachdenken, über ihre Endlosigkeit, ihre Dunkelheit und die Qual der Gewissensbisse, der alle ausgesetzt sind, die dort hineingeworfen werden. Alle Christen sollten über ihre Verwandten, Freunde und Nachbarn nachdenken und über alle anderen Menschen, die bald dort sein werden. Sie sollten so lange darüber nachdenken, bis sie nie mehr ein gewohnheitsmäßiges, behagliches Christenleben führen können.

Drittens: Da das Evangelium absolut wahr ist, kann man dessen Verkündigung nie aufgeben. Man muss es bis an die äußersten Enden der Erde verkündigen. Würde jemand ein Heilmittel für die Krebskrankheit gefunden haben und es selbstsüchtig für sich behalten, dann wäre er ein Mörder. Wenn wir das Heilmittel für die Seelen der Menschen kennen und es die Menschen nicht wissen lassen – sind wir dann nicht auch Mörder? Wir sind mit Weisheit aus der Höhe erleuchtet; sollten wir umnachteten Menschen das Licht des Lebens verweigern?

Viertens: Die gegenwärtig lebende Generation kann nur von heute lebenden Christen erreicht werden. Deshalb können wir unsere Verpflichtung nicht auf andere übertragen.

Fünftens: Wir werden vor dem Richterstuhl Christi danach gefragt werden, wie wir den letzten Befehl Jesu an seine Jünger (siehe Mt 28,19-20) ausgeführt haben.

Sechstens: Jeder Mensch, dem wir begegnen, könnte einmal ein Edelstein in der Krone des Heilandes sein. Wir sollten alle Menschen um seinetwillen lieben.

Wir müssen diesen Tatsachen ehrlich und mutig ins Auge sehen.

Du selbst

Schließlich sollte unser Lebensweg auch im Blick auf unsere eigenen Interessen geplant werden. Auf den ersten Blick hört sich das unverzeihlich selbstsüchtig an. Das ist es aber nicht, weil Gott das Allerbeste für uns bereitet und vorgesehen hat. Er erwartet von uns, dass wir so leben, dass uns alles das zuteilwird, was seine Liebe für uns geplant hat.

Wie kann ich im Blick auf dieses und auf das zukünftige Leben am besten auf meine eigenen Interessen bedacht sein? Besonders junge Christen mögen das Folgende reiflich überlegen:

Erstens: Es ist durchaus möglich, dass deine Seele für Jesus Christus gerettet, dein Leben aber für ihn vergeudet ist.

Zweitens: Dieses Leben kann nicht in sich selbst ein Lebensziel sein, sondern nur eine Anwartschaft für die Ewigkeit. »Das Leben mit Christus ist das Training für das Herrschen mit Christus.«

Drittens: Eines Tages werden wir vor dem Richterstuhl

Christi stehen! Dann wird nur ein Leben zählen, das für Jesus Christus geführt worden ist.

Viertens: Es besteht die furchtbare Möglichkeit, an jenem Tag mit leeren Händen dazustehen.

Muss ich gehn mit leeren Händen?
Muss ich so vor Jesus stehn?
Kann ich keine Seel' ihm bringen,
keine einz'ge Garbe sehn?
(C. C. Luther)

Fünftens: Wenn das »Wohl getan!« einmal nicht über uns ausgesprochen wird, dann ist das ein Verlust, der durch nichts anderes zu ersetzen ist.

Wenn wir auch nur einen Augenblick nachdenken, wird es uns ganz klar, dass unseren eigenen Interessen für Zeit und Ewigkeit am besten gedient ist, wenn wir unseren Willen mit dem Willen Gottes völlig in Übereinstimmung bringen. Lasst uns hier und jetzt stillhalten, um unsere Lebenspläne zu überprüfen und uns zu fragen: Sind in diese Pläne meine Verpflichtungen gegenüber meinem Herrn mit einbezogen? Machen sie mein Verlangen deutlich, dass ich meine Schuld meinen Mitmenschen gegenüber erfüllen möchte? Bedeutet die Erfüllung dieses Verlangens für mich den größten Gewinn für dieses Leben und für die Ewigkeit?

Wenn unsere Lebenspläne nicht von dem Verlangen erfüllt sind, Gott wohlgefällig zu leben und zu dienen, dann sollten sie über Bord geworfen werden; sie taugen nicht für diese Zeit und bringen uns nichts ein im Blick auf die Ewigkeit.

Die große Verpflichtung des Lebens

Im vorhergehenden Kapitel haben wir gesehen, dass jeder Gläubige unter einer feierlichen Verpflichtung seinem Gott, seinem Nachbarn und sich selbst gegenüber steht. Seinem Gott gegenüber wegen dessen Schöpfungs- und Erlösungswerkes; seinem Nachbarn gegenüber, weil dieser Nachbar ohne Jesus Christus für ewig verloren sein wird; sich selbst gegenüber, weil er eines Tages vor den Richterstuhl Christi gestellt und dort sein ganzes Leben durchleuchtet wird.

Wie kann wohl ein Christ am besten diesen dreifachen Verpflichtungen begegnen? Wenn er nur für sich selbst lebt, wird er in diesem Leben unbefriedigt und im nächsten Leben verarmt sein. Dient ein selbstsüchtiges Leben unseren ureigensten Interessen?

Wenn der Mensch, vom Evangelium unberührt, seinem Nachbarn in dessen Notlagen beisteht, kann er ihm keine wirkliche Hilfe leisten, weil alle Menschen in erster Linie Jesus Christus brauchen, ohne den sie verloren sind.

Wenn der Mensch aber sein Leben dem Herrn Jesus Christus vollständig ausliefert, kann er kaum einen Fehler begehen. Wer Gott über alles liebt, wird notgedrungen durch das Evangelium dem Mitmenschen helfen. Er wird deshalb seinen eigenen Interessen am besten dienen, auf dieser Erde überaus glücklich sein und in der Zukunft Lohn empfangen.

Das große Geheimnis eines erfolgreichen Lebens mit Jesus

Christus besteht einfach darin, dass man zunächst sein ganzes Sein völlig in seine Hände legt.

Es beginnt mit dem offenen Zugeständnis, dass wir selbst nicht wissen, was für unser Leben am besten ist. Jeremia drückte diese Haltung ausgezeichnet aus, indem er sagt: »Ich weiß, HERR, dass der Weg des Menschen nicht in seiner Macht steht, dass der Mann, wenn er geht, seine Schritte nicht lenken kann.« (Jer 10,23 SCH2000).

Zweitens dürfen wir die tiefe Überzeugung erfahren, dass Gott für unser Leben bereits den »besten Plan« gemacht hat. Wir dürfen sein »Bestes« in Besitz nehmen, wenn wir es aufrichtig begehren. Können wir das durch unser Verschulden nicht, dann werden wir sein »Zweitbestes« oder »Drittbestes« oder »ein anderes Bestes« erfahren.

Wir können die großen Verpflichtungen unseres Lebens nur übernehmen, wenn wir ihm unser Leben völlig ausliefern. Ausliefern bedeutet, dass wir unser ganzes Wesen, Geist, Seele und Leib, dem Herrn Jesus Christus weihen. Es bedeutet, dass wir alles, was wir sind und haben, dem Herrn Jesus Christus weihen. Es bedeutet auch eine bedingungslose Übergabe unseres Willens an Jesus Christus, unseren Herrn.

Betty Stam nahm diese große Übergabe ihres Lebens neun Jahre vor ihrem Märtyrertod vor. Sie schrieb in ihre Bibel: »O Herr, ich gebe meine eigenen Vorsätze und Pläne, all meine Wünsche, Hoffnungen und Begierden auf, seien sie fleischlich oder seelisch, und ich nehme deinen Willen für mein Leben an. Ich gebe mich selbst, mein Leben, mein

Alles, voll und ganz dir hin, um für immer dein zu sein. Ich gebe auch all meine Freundschaften in deine Obhut. Menschen, wenn ich sie auch noch so liebe, sollen den zweiten Platz in meinem Herzen einnehmen. Fülle mich mit deinem Heiligen Geist. Lass deinen heiligen Willen in meinem Leben zur Auswirkung kommen – koste es mich, was es wolle, jetzt und immerdar. Jesus Christus ist für mich das Leben!«[12]

Missionar Borden vollzog diese große Übergabe seines Lebens an Jesus Christus einige Jahre, bevor er in Ägypten an einer Hirnhautentzündung starb. Er war mit und für das Evangelium auf dem Weg nach China: »Herr Jesus, was mein Leben anbelangt, so lass ich die Hände davon. Ich setze dich auf den Thron meines Herzens. Verändere, reinige, gebrauche mich, wie du es für gut befindest. Ich unterstelle mich der Vollmacht deines Heiligen Geistes.«[13]

Diese Worte sind eigentlich nichts weiter als der Widerhall einer größeren Stimme, die in der Stille des Gartens Gethsemane ausrief: »Nicht mein, sondern dein Wille geschehe!« So muss es mit jedem Menschen geschehen, der in den Dingen, die Gott betreffen, weiterkommen will. Es muss einen Zeitpunkt geben, wo er seinen eigenen Willen zurückweist und sich als ein lebendiges Opfer Gott darstellt und spricht: »Ich will gehen, wohin du mich senden willst. Ich will tun, was du von mir verlangst. Ich will sagen, was ich in deinem Auftrag sagen soll. Ich will sein, was ich nach deinen Gedanken sein soll.«

---

12 Zitiert in Clay Cooper, *Were They Expendable* (Chico, Kalifornien: Brown Gold Publications), S. 3.

13 Mrs. Howard Taylor, *Borden of Yale '09* (Philadelphia: China Inland Mission, 1943), S. 123.

Ist einmal diese vorbehaltlose Übergabe vorgenommen worden, muss sie auch in der täglichen Praxis zum Ausdruck kommen. Der Gläubige muss dauernd in einer Bereitschaft der Hingabe stehen. Er muss sich bewusst bleiben, dass er ein Leibeigener Jesu Christi ist, der beständig auf die Befehle seines Meisters wartet. In jeder Lage seines Lebens kann er nun die Herrschaft Christi anerkennen.

Was wird dann geschehen? Wird der Gläubige eine große, physische Umformung erfahren? Wird eine sensationelle Krise im Gefühlsleben eintreten? Wird als Antwort Feuer vom Himmel fallen?

In den allermeisten Fällen wird man kein äußeres Zeichen erleben. Aber man hat die stille Gewissheit des Glaubens, dass Gott im Himmel es gehört hat, und dass er das Opfer angenommen hat. Ebenso wie wir glauben, dass Gott uns errettet, wenn wir als demütig bittende Sünder zu ihm kommen, dürfen wir auch überzeugt sein, dass er uns annimmt, wenn wir uns ihm als ein lebendiges Opfer ausliefern.

Später lauert natürlich die Gefahr, dass wir in der Eintönigkeit des Alltags entmutigt werden. Das Leben wird irgendwie gleichförmig seinen Gang gehen. Die täglichen Aufgaben werden uns vielleicht langweilig oder zu unwichtig vorkommen. Aber das ganz Große besteht in der vollzogenen Übergabe und in der täglichen Erneuerung. Damit ist auch die Gewissheit verbunden, dass der Pfad, den wir gehen, für uns persönlich bestimmt ist. Wenn wir im Kleinsten treu sind, wird uns Gott auch in Krisenzeiten getreulich leiten. Schritt für Schritt wird er uns führen.

Wir werden uns zunehmend dessen bewusst werden, dass sich seltsame, kleine, unbeabsichtigte »Zufälle« in unserem Leben ereignen. Einige Dinge werden plötzlich Sinn ergeben. Wir werden uns sogar besonderen Gelegenheiten gegenübergestellt sehen, die wir niemals selbst gesucht und gefunden hätten. Wenn auch Gottes Führung zu gewissen Zeiten sehr dunkel sein mag, werden wir doch erkennen, wenn wir nach Jahren eines Gott ausgelieferten Lebens Rückschau halten, dass der Herr wirklich geführt hat und dass unser bisheriger Lebensweg »wunderbar« verlaufen ist.

Immer besteht aber auch die Gefahr, dass wir uns zurückwenden wollen, dass wir alles von Neuem erwägen wollen, wir uns auf niederträchtige Weise vom Opferaltar wegschleichen möchten.

Ein Christ hängte seinen Leitspruch an eine Wand seines Wohnzimmers: »Herr, halte mich um jeden Preis bei dir.« Aber eines Tages machte er innerlich eine Kehrtwendung und entfernte den Text – die Kosten waren ihm zu hoch.

Unser Opfer muss unwiderruflich sein. Wer seine Hand an den Pflug legt und zurücksieht, ist nicht tauglich für das Reich Gottes (vgl. Lk 9,62).

Welche Schwierigkeiten und Nöte auch in einem Gott geweihten Leben auftreten mögen, es wird sich keine Reue, kein Bedauern einstellen. Borden sprach von einem Leben »ohne Vorbehalt, ohne Rückzug, ohne Bedauern«. Es ist ein Leben, das sich wirklich bezahlt macht – nur müssen wir das alles ganz persönlich in die Praxis umsetzen. Wir wollen diesen Fragen mutig und ehrlich in Gottes Gegenwart gegenübertreten.

Hast du dein Leben je einmal radikal Gott übergeben, oder kämpfst du immer noch gegen Gott, indem du versuchst, an einem Leben festzuhalten, das eigentlich ihm gehört?

Scheint dir irgendein Opfer, das du deinem Erretter bringen solltest, der für dich starb, zu groß zu sein?

Gibt es auf der Erde irgendeinen Ort, an den du nicht bereitwillig gehen wirst, wenn Gott dich ruft? Fürchtest du dich etwa, dass dich Gott mit einer Arbeit betrauen könnte, die unter deiner Würde wäre?

Wagst du es – gerade jetzt –, dein Leben ohne Vorbehalt Jesus Christus auszuliefern?

Wagst du es, es nicht zu tun?

Die Bedeutung unseres Berufes

Wenn das Thema der Übergabe an Jesus Christus behandelt wird, dann wird ganz gewiss jemand den Einwand vorbringen: »Aber ich muss doch von etwas leben, nicht wahr?«

Ist das nicht ein Einwurf, der von einer kläglichen Verwirrung zeugt? Damit wird doch zum Ausdruck gebracht, dass wir leben müssen, was immer auch kommen mag; dass alle automatisch in den vollzeitlichen Dienst eintreten müssen und nicht mehr länger für ihren Lebensunterhalt arbeiten dürfen, die ihr Leben Jesus Christus weihen. Es bedeutet außerdem, dass man fürchtet, dass die Wahrscheinlichkeit, öfters Hunger leiden zu müssen, größer ist, wenn man sein Leben Gott übergeben hat, als wenn man es seiner eigenen Leistung unterstellt und einen guten Beruf hat.

Derart zu urteilen ist trügerisch und irreführend, weil wir unser Leben ja gar nicht mehr länger selbst gestalten müssen. Sklaven des Herrn Jesus Christus wählen sich nicht selbst die Art oder die Zeit ihres Abschiedes. Es ist nur so lange wichtig zu leben, wie Jesus Christus es will. Sind wir nicht unsterblich?

Es ist außerdem ein trügerisches Denken, weil jeder Gläubige im vollzeitlichen Dienst stehen sollte. Für einige ist der Arbeitsplatz im Büro oder an der Werkbank ein Missionsfeld, für andere in der Küche.

Einige legen den Heiden in Afrika Zeugnis von Gottes Liebe ab, andere sonst wo in der Welt.

Schließlich ist der Einwurf deshalb trügerisch, weil nicht in Betracht gezogen wird, dass allen, die Jesu Christi Interessen an die erste Stelle setzen, der Lebensunterhalt garantiert wird.

»Trachtet aber zuerst nach dem Reich Gottes und nach seiner Gerechtigkeit, und dies alles wird euch hinzugefügt werden.« (Mt 6,33)

Damit unser Denken über diesen Gegenstand zu größerer Klarheit kommt, sollten wir kurz die Rolle betrachten, die der Beruf im Leben eines Christen spielt.

Erstens: Vor allem ist es Gottes Plan, dass der Mensch seinen Lebensunterhalt durch Arbeit verdienen soll. »Im Schweiß deines Angesichts wirst du dein Brot essen« (1Mo 3,19).

»Sechs Tage sollst du arbeiten« (2Mo 20,9).

»Wenn jemand nicht arbeiten will, so soll er auch nicht essen.« (2Thess 3,10)

Es ist keine Schande, wenn der Mensch schwer arbeitet. Im Gegenteil! Es ist ein Segen für ihn.

Zweitens: Der Christ sollte die Führung des Herrn Jesus Christus suchen, wenn er einen Beruf ergreift. Er darf in dieser Beziehung mit einer ebenso klaren Führung rechnen, als wenn er auf das Missionsfeld gehen wollte.

Drittens: In diesem Sinn ist die Berufsarbeit nicht geringer zu bewerten als evangelistische Arbeit in anderen Ländern. Von Bedeutung ist nur, dass wir genau wissen, dass Gott uns in der Berufswahl geleitet hat. Wir können natürlich nur dann sichergehen, wenn wir unser Leben ganz klar dem Willen des Herrn unterstellt haben und damit auch unseren Willen bezeugen, seinem Ruf für immer zu folgen.

Viertens: Die Unterscheidung, die heute zwischen »weltlicher« Arbeit und »Arbeit für den Herrn« gemacht wird, ist nicht schriftgemäß. Jede Art von Arbeit ist Arbeit für den Herrn und soll zur Ehre Gottes getan werden.

In diesem Zusammenhang schrieb G. Campell Morgan: »Den Ausdruck ›gewöhnliche Arbeit‹ sollte jeder aus seinem Sprachschatz streichen. Jesus hat uns gelehrt, dass jede Arbeit heilig ist. Nicht um einen Streit zu entfachen, sondern als Protest gegen eine falsche Auffassung vom menschlichen Leben betone ich hier, dass kein Mensch, einfach weil er predigt, ein Recht hat, von sich als von einem ›Geistlichen‹ zu sprechen. Wer morgens mit seinen Werkzeugen sein Haus verlässt, um an seinen Arbeitsplatz zu gehen, hat Anspruch auf diese Bezeichnung, wenn er ein heiliger Mann ist. Wenn dieser Mann in seine Zimmermannswerkstätte ginge, um ein Stück Bauholz zu sägen, dann wäre die Säge ein Werkzeug aus dem Heiligtum Gottes, wenn der Mann, der sie gebraucht, ein Priester Gottes ist. Jeder Dienst ist heiliger Dienst. Ich wünschte, dass ihr diesen Gedanken alle Tage der kommenden Woche erwägt – hinter dem Ladentisch und im Büro oder auch, liebe Schwestern, in eurem Heim.«[14]

---

14 G. Campbell Morgan, *The Hidden Years at Nazareth* (Traktat) (London: Charles Higham), S. 14.

Fünftens: Wenn der Gläubige im Blick auf seine Berufswahl die Führung des Herrn sucht, so sollte er daran denken, dass Gott normalerweise einem Menschen seinen Platz auf einem Arbeitsfeld zuweisen möchte, wo er seine natürlichen Talente einsetzen kann. Es gibt natürlich keine Regel ohne Ausnahmen, aber meistens wird das so sein.

Sechstens: Es sollte klar sein, dass der Beruf nicht die Hauptsache im Leben ist. Er ist ein Mittel zu einem besonderen Zweck. Careys Ausspruch wurde weit bekannt. Als er gefragt wurde, was für ein Geschäft er betreibe, antwortete er: »Mein Geschäft besteht darin, das Evangelium zu verkündigen; und ich repariere Schuhe, um notwendige Ausgaben zu bestreiten.«

Eine ähnliche Geschichte wird von John Wanamaker erzählt, dem Gründer der ersten Kaufhauskette. Als er einmal gefragt wurde, wie er als viel beschäftigter Mann die Zeit finde, in der Sonntagsschule mitzuarbeiten, sagte er: »Die Sonntagsschule ist meine eigentliche Aufgabe, alles andere sind nur alltägliche Dinge. Vor 55 Jahren kam ich zu der Überzeugung, dass des Herrn Verheißung zuverlässig ist: Trachtet aber zuerst nach dem Reich Gottes und nach seiner Gerechtigkeit, und dies alles wird euch hinzugefügt werden.«

Das ist so gewaltig, dass wir es im Gedächtnis behalten sollten! Die Interessen des Herrn kommen zuerst, das Geschäft erst in zweiter Linie. Eine Gefahr erhebt sich allerdings: wenn uns der Beruf über Gebühr beansprucht. Eine Beschäftigung nimmt einen Menschen von den Zusammenkünften der örtlichen Gemeinde weg. Sie nimmt ihm immer mehr von seiner Zeit weg. Sie hindert ihn in seinem christlichen Dienst, bis er an dem Punkt angelangt ist, wo er unbrauchbar wird. Das Ergebnis ist für gewöhnlich, dass der Gläubige am Zentrum des Lebens vorbeigeht.

Achtens: Wenn wir behaupten, dass der Beruf an zweiter Stelle steht, so bedeutet das nicht, dass er nachlässig oder gleichgültig ausgeübt werden dürfte. Im Gegenteil! Es sollte zum christlichen Zeugnis gehören, ihn sorgfältig, warmherzig und gut auszuüben – als dem Herrn. Das Kind Gottes sollte seinem Arbeitgeber in jeder Stunde 60 Minuten treuer Arbeit liefern, für die er ja bezahlt wird. Es ist auch selbstverständlich, dass er nicht die Zeit, die seinem Arbeitgeber gehört, dazu verwendet, anderen Zeugnis zu geben.

Es ist für einen Christen oft schwer zu erkennen, wann die Ansprüche seines Arbeitgebers unberechtigterweise in seine Verantwortlichkeit dem Herrn gegenüber eingreifen. Aber eins ist sicher: Wenn ein Mensch in diesen Dingen Gott die Ehre gibt, dann wird Gott ihn ehren und nicht zulassen, dass er um Brot betteln muss, obwohl manchmal ein Stellenwechsel notwendig werden kann.

Neuntens: Das Leben sollte nach Möglichkeit nicht mit Arbeiten ausgefüllt sein, die Unerrettete ebenso gut tun können. Der Herr Jesus sagt: »Lass die Toten ihre Toten begraben, du aber geh hin und verkündige das Reich Gottes« (Lk 9,60). Jeder Beliebige kann die Toten begraben, aber nur erlöste Lippen können Zeugnis ablegen von der rettenden Gnade Jesu Christi. Da sind wir unentbehrlich.

Zehntens: Zu keiner Zeit sollten wir uns dafür hergeben, um materiellen Gewinnes willen etwas zu tun, das wir nicht freiwillig für Jesus Christus zu tun bereit wären. Zu keiner Zeit sollten wir uns für unsere Gemeinde weniger einsetzen als für ein weltliches Unternehmen.

Elftens: Wenn ein Christ von seinem Herrn für kleine Aufgaben gebraucht wird, aber seine Pflichten treu erfüllt, teilt der Herr Jesus hier oft größere Aufgaben zu. So wird vielleicht seine Zeit mehr und mehr vom Werk des Herrn beansprucht; trotzdem darf er mit Freude feststellen, dass seine täglichen Lebensbedürfnisse dennoch gestillt werden.

Vielleicht empfängt er auch von Gott den klaren und unmissverständlichen Ruf, seine ganze Zeit der Evangeliumsarbeit oder dem Lehrdienst in der Heimat oder im Ausland zu widmen. In einem jeden Fall, in dem der Herr ganz klar führt, kann der Christ im Blick auf seine zeitlichen Bedürfnisse ohne Furcht der Führung folgen. Wenn Gott ruft, versorgt er auch sein Kind. Hudson Taylor sagte: »Wenn Gottes Werk auf Gottes Weise getan wird, wird es nie an Gottes Versorgung mangeln.«

Zwölftens: In einer Zeit, in der die Welt Erfolge in Geschäft und Beruf verherrlicht, sollten die Christen imstande sein, auf solches Gehabe mit unbekümmerter Gleichgültigkeit herabzuschauen. Jesus Christus in bescheidenem Umfang zu dienen ist wertvoller, als ein hohes öffentliches Amt zu bekleiden.

Dies alles sind Erwägungen, die der junge Christ anstellen sollte, wenn er über seinen Beruf nachdenkt. Er sollte sich darüber völlig im Klaren sein, ob Gott ihn zu irgendeinem besonderen Werk führen wollte und er zu einer Übergabe ohne Einschränkungen an seinen Herrn und Meister nicht willig war.

Ausreden

Wenn Menschen durch die Ansprüche Jesu Christi in die Enge getrieben werden, dann besteht allgemein die Tendenz, sich zu entschuldigen, einen Ausweg zu suchen, ein Alibi beizubringen. Wir haben schon über eine solche Ausrede gesprochen: »Ich muss doch von etwas leben, oder etwa nicht?«

Jetzt wollen wir kurz auf andere Antworten zu sprechen kommen, durch die der Ruf des Herrn mit einem »Nein« beantwortet wird.

Eine ganz alltägliche Ausrede ist: »Ich muss an meine Zukunft denken!«

Ein junger Mann in einem Staat im Osten der USA sah sich der Alternative gegenübergestellt, entweder einen besonderen Dienstauftrag für den Herrn Jesus anzunehmen oder seine glänzende Stellung in der Geschäftswelt beizubehalten. Deshalb zog er zwei ältere Christen zu Rate, die selbst eine führende Stellung im Geschäftsleben einnahmen. Sie rieten ihm davon ab, seine jetzige Stellung aufzugeben, und zwar mit folgenden Worten: »Denke daran, Robert, dass du deine Zukunft im Auge behalten musst!« Er blieb in seiner hochbezahlten Stellung – aber dachte er wirklich an seine Zukunft?

Wieder andere sagen: »Es muss doch noch jemand in der Heimat bleiben!« Menschen, die so reden, scheinen oft ein tiefes Interesse für die in der vordersten Kampflinie für

Jesus Christus Stehenden zu haben. Zu oft ist dieses scheinbare Interesse aber nur ein Deckmantel für ihre eigene Weigerung, dem Ruf in die Missionsarbeit zu folgen.

Es ist wahr: Gott gebraucht auch Gläubige in der Heimat, um die zu unterstützen und zu unterhalten, die mit dem Evangelium in ferne Länder ausgezogen sind. Aber mutet es uns nicht manchmal seltsam an, wenn wir sehen, dass so viele gesunde, mutige, starke, begabte junge Männer in der Heimat bleiben, während ihre schwachen, schüchternen Schwestern als Bahnbrecher in weit abgelegene, gefährliche, von Krankheiten heimgesuchte Gebiete gehen?

Vielleicht sind auch einige der Meinung, dass ihre Gaben oder ihre Ausbildung besser anderswo als in einem »christlichen Werk« eingesetzt werden. Deshalb zögern sie, sich dem Herrn von ganzem Herzen zur Verfügung zu stellen – aus Furcht, er könnte sie in einen Dienst berufen, der »unter ihrem Niveau« liegt. Diesem Einwand ist leicht zu begegnen: Es ist nicht unsere Aufgabe zu bestimmen, wo unsere Fähigkeiten am besten Verwendung finden können. Im Übrigen ehrt es Gott nicht, wenn wir denken, dass etwas, das er uns anvertraut hat, zu gut ist, um für ihn eingesetzt zu werden. Haben wir doch nichts, das wir nicht empfangen haben. Bildung und Gaben sind an sich in Ordnung; aber wirkliche Bedeutung haben sie erst, wenn wir sie dem Herrn Jesus Christus zur Verfügung stellen.

Der Apostel Paulus war eine geistliche Größe, ein ungeheuer fleißiger Arbeiter, ein Genie. Als er an all die Dinge dachte, die den Weisen dieser Welt so viel bedeuten, schrieb er: »Aber was irgend mir Gewinn war, das habe ich um Christi willen für Verlust geachtet; ja wahrlich, ich achte auch alles für Verlust wegen der Vortrefflichkeit der Erkenntnis Christi Jesu, meines Herrn, um dessentwillen ich alles eingebüßt habe und es für Dreck achte, damit ich Christus gewinne« (Phil 3,7-8).

Andere sagen, wenn sie sich der Herausforderung einer völligen Übergabe an Jesus Christus ausgesetzt sehen: »Aber ich bin zu alt.« Auf diese unverständliche Antwort kann man nur die Frage stellen: »Bist du auch zu alt, um gehorsam zu sein?«

Eine andere Entschuldigung lautet: »Ich habe Verpflichtungen zu Hause.« Vielleicht meint man damit die Eltern oder die Frau und die Kinder. Ist es denkbar, dass Gott uns diese geliebten Angehörigen gäbe, wenn sie ein Hinderungsgrund für unsere Hingabe an ihn sein sollten? Würde er so seine eigene Absicht selbst durchkreuzen und damit auch unsere eigensten Interessen? Niemals! Gott wird nie einen ihm geweihten Christen so führen, dass er bestehende Verpflichtungen seinen Lieben gegenüber vernachlässigen müsste. Dennoch besteht unsere erste Verpflichtung darin, uns ihm völlig zu überlassen und ihn mehr zu lieben als Vater und Mutter, Frau und Kinder, Brüder und Schwestern, ja sogar mehr als unser eigenes Leben (vgl. Lk 14,26).

Manche aufrichtigen Menschen zögern, eine volle Übergabe zu vollziehen, weil sie meinen, dass sie nicht begabt genug seien. Aber jedes Glied am Leib Christi hat irgendeine Gabe. Um diese zu finden, muss man eben Jesus als Herrn anerkennen.

Die armseligste und kläglichste aller Ausreden aber ist diese: »Gott will in Wirklichkeit ja gar nicht, dass ich ihm alles ausliefere; er will nur wissen, ob ich dazu bereit bin.«

Stell dir eine Kompanie Soldaten an der Front vor. Wenn der Befehl zum Angriff gegeben wird, bleiben sie in ihren Unterständen sitzen, fahren mit dem Reinigen ihrer Gewehre fort und sagen: Der General will in Wirklichkeit ja gar nicht, dass wir angreifen; er will nur wissen, ob wir dazu bereit sind.« Auf diese Weise könnte nie eine Schlacht gewonnen werden. Es könnte nur eine Geschichte der Niederlagen geschrieben werden.

Das alles sind Entschuldigungen, die die Menschen nur deshalb benutzen, weil sie sich Jesus Christus nicht ganz ausliefern wollen. Es sind wirklich Ausreden; es fehlen echte Begründungen. Es gibt für niemanden einen wahren Grund, sein Leben nicht voll und ganz seinem Erretter auszuliefern.

Wenn er noch einmal zu dir sagt: »Mein Sohn, meine Tochter, gib mir dein Herz!«, was wirst du ihm anbieten? Eine Ausrede? Oder dich selbst?

Ein Leben der leidenschaftlichen Hingabe

Wenn der Herr Jesus Christus für uns gestorben ist, sollten auch wir bereit sein, für ihn zu sterben! Wenn er für uns sein Leben hingab, dann sollten auch wir bereit sein, für ihn unser Leben hinzugeben!

Der wahre Christ ist in Wahrheit ein Fanatiker. Er wird von der Welt verachtet und verspottet, denn er hält mit ihr nicht Schritt, er passt nicht in seine Umgebung. In dem Augenblick, in dem er von der Welt als »normaler Kerl« anerkannt wird, hat er seinen wahren Charakter als Kind Gottes verloren.

Der ideale Gläubige lebt sein Leben mit Leidenschaft: Er ist für Jesus Christus entflammt. Er eifert dem Grafen von Zinzendorf nach, der im Blick auf seinen Herrn sagte: »Ich habe eine Leidenschaft; die ist er und er allein. Alles andere ist ihm untergeordnet.«

Für Menschen Gottes ist kein Opfer zu groß, das sie bringen. Ihr Geld, ihre Zeit, ihr ganzes Leben, alles steht zu seiner Verfügung, und sie sind froh, dass es so ist.

Jesu Jünger sind in gewisser Weise unnatürlich. Sie handeln manchmal ihren natürlichen Anlagen entgegen. Sie leugnen die Bindung des Alltagslebens. Sie geben um Christi willen auf, was andere als ihre unveräußerlichen Rechte betrachten. Jesu Nachfolger sind wie Leibeigene. Sie gehorchen einfach. Ein gottgeweihter Christ ist ein Prediger und ein Fremdling, der durch eine fremde Gegend wandelt, der Zeugnis von Jesus Christus treu ablegt bei denen, die dort wohnen, der aber nichts von ihrer Art annimmt.

»Er ist ein Mensch, der nicht darauf aus ist, Freunde zu gewinnen; ein Mensch ohne Hoffnung oder Verlangen nach weltlichen Gütern; ohne Sorgen des Lebens, ohne Todesfurcht; ohne Rang, ohne wahre Heimat auf dieser Erde; ein Mensch, den nur eines bewegt: die frohe Botschaft von Jesus Christus; ein Mann, der nur ein Ziel hat: die Herrlichkeit Gottes zu erreichen – in den Augen der Welt ein Tor und damit einverstanden, für einen Toren gehalten zu werden – um Jesu Christi willen.

Nennt ihn ruhig einen Schwärmer, einen Fanatiker, einen Schwätzer oder irgendeinen rückständigen, schwer zu beschreibenden Menschen! Die Welt kann selbst entscheiden, wo sie ihn einordnen will. Wie sie ihn auch nennen – einen Geschäftsmann, Hausherrn, Bürger, einen vermögenden Mann, Gelehrten oder sogar einen Mann mit gesundem Menschenverstand –, für seine Umgebung hat er trotzdem wohl kaum Bedeutung.

Wahre Christen müssen für Christus zeugen, oder sie gehen innerlich zugrunde; selbst im Sterben werden sie noch zeugen.«[15]

Nach solchen Männern und Frauen sucht der Herr Jesus heute. Er sieht sich nicht nach der Menge um, die sich auf ihrem Weg ziellos treiben lässt, sondern nach Einzelpersönlichkeiten, deren Treue aus der Erkenntnis ent-

---

15 Zitiert in *Prairie Overcomer*, März 1936, S. 102 und 105.

springt, dass er nur Menschen brauchen kann, die bereit sind, den Weg der Selbstverleugnung zu gehen, den er vor ihnen gegangen ist.

Heute sind viele junge Menschen willig, die besten Jahre ihres Lebens dem Beruf zu widmen. Sie sind willig, für ihr Land zu sterben. Sie reisen für ein gutes Gehalt um die ganze Welt. Um Musiker zu werden, scheuen sie keine Mühe und Anstrengung. Um Priester oder Nonne zu werden, nehmen sie das feierliche Gelübde der Ehelosigkeit auf sich. Um Schauspieler zu werden, lernen sie große und schwierige Rollen auswendig. Um bestimmte Berufe ergreifen zu können, sind sie bereit, ein ganzes Jahrzehnt dem Studium zu opfern.

Aber was willst du für den Herrn Jesus einsetzen? Nur einen Teil deines Lebens – oder willst du ihm alles geben?